Agua segura para todos

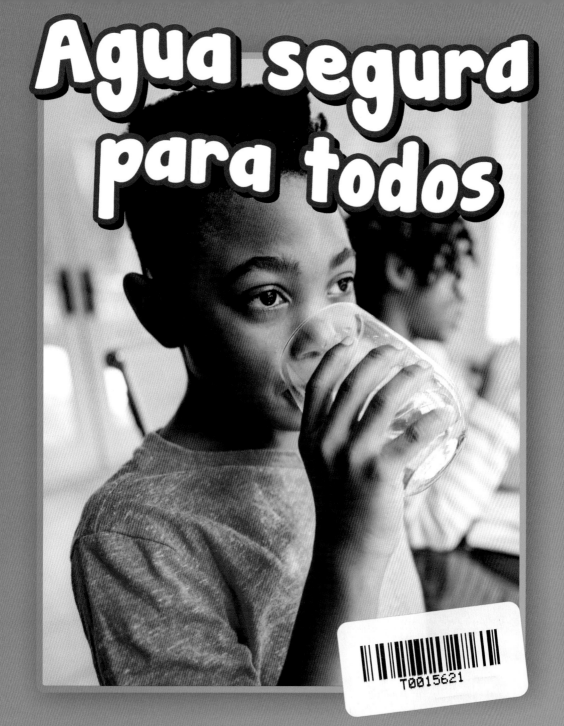

Nellie Wilder

✳ Smithsonian

Asesores

Brian Mandell
Especialista de programa
Smithsonian Science Education Center

Chrissy Johnson, M.Ed.
Maestra, escuela primaria Cedar Point
Escuelas del Condado de Prince William, Virginia

Sara Cooper, M.Ed.
Maestra de tercer grado
Distrito Escolar Fullerton

Créditos de publicación

Rachelle Cracchiolo, M.S.Ed., *Editora comercial*
Conni Medina, M.A.Ed., *Redactora jefa*
Diana Kenney, M.A.Ed., NBCT, *Realizadora de la serie*
Emily R. Smith, M.A.Ed., *Directora de contenido*
Véronique Bos, *Directora creativa*
Robin Erickson, *Directora de arte*
Michelle Jovin, M.A., *Editora asociada*
Caroline Gasca, M.S.Ed., *Editora superior*
Mindy Duits, *Diseñadora de la serie*
Kevin Panter, *Diseñador gráfico superior*
Walter Mladina, *Investigador de fotografía*
Smithsonian Science Education Center

Créditos de imágenes: contraportada D. Zheleva/Shutterstock; pág.8 diy13/Shutterstock; pág.10 Radius Images/Alamy; pág.11 (inferior) Keith Homan/Shutterstock; pág.11 (centro) Prabhjit S. Kalsi/Shutterstock; pág.12 Rikflikpix/Alamy; pág.13 Delimont Photography/Newscom; pág.14 STRDEL/AFP/Getty Images; pág.16 Keystone Pictures USA ZUMA Press/Newscom; pág.19 qaphotos.com/Alamy; todas las demás imágenes cortesía de iStock y/o Shutterstock.

Teacher Created Materials

5301 Oceanus Drive
Huntington Beach, CA 92649-1030
www.tcmpub.com

ISBN 978-0-7439-2597-6

© 2020 Teacher Created Materials, Inc.
Printed in Malaysia
Thumbprints.25940

Contenido

El agua es vida

Algunas personas dicen que el agua es vida. Todos necesitamos agua para vivir.

Las personas necesitamos agua para beber. Necesitamos agua para cultivar y preparar la comida. También la necesitamos para estar limpios.

Un niño bebe agua de un vaso.

Estas niñas riegan unas plantas.

Esta niña se lava las manos para que estén limpias.

El agua que necesitamos

Las personas necesitamos al menos 8 **litros** (2 galones) de agua por día. Esa es la cantidad necesaria para beber y cocinar. Pero, para mantenernos limpios, necesitamos más del doble de esa cantidad de agua.

No todas las personas tienen agua limpia. Este es un gran problema en el mundo.

El agua que sale de estos caños está sucia.

DANGER

DO NOT
DRINK
THIS WATER

El agua de este lago está sucia y no se puede beber.

Agua limpia

Las personas quieren solucionar este problema. Quieren que todos tengamos agua limpia.

Un científico sostiene agua sucia y agua limpia.

Los científicos analizan el agua limpia.

Aprender de las plantas

Las plantas pueden limpiar el agua. Las personas han inventado unas pajillas que pueden **filtrar** el agua como lo hacen las plantas. Esas pajillas hacen que el agua sea más segura y se pueda beber.

LifeStraw

Algunas soluciones son sencillas. Estas mujeres usan su ropa. Doblan la **tela** y echan el agua sobre ella. La tela actúa como un filtro.

Esta niña usa un trapo como filtro.

Esta mujer usa su jimar para filtrar el agua.

Del grifo

Es fácil tener agua limpia si hay **grifos**. Una red de cañerías y filtros nos traen agua limpia.

13

Estas cubetas son filtros. Están llenas de capas de tierra. Las capas filtran el agua. Las plantas también limpian el agua con sus capas.

Esta mujer espera mientras las cubetas filtran el agua.

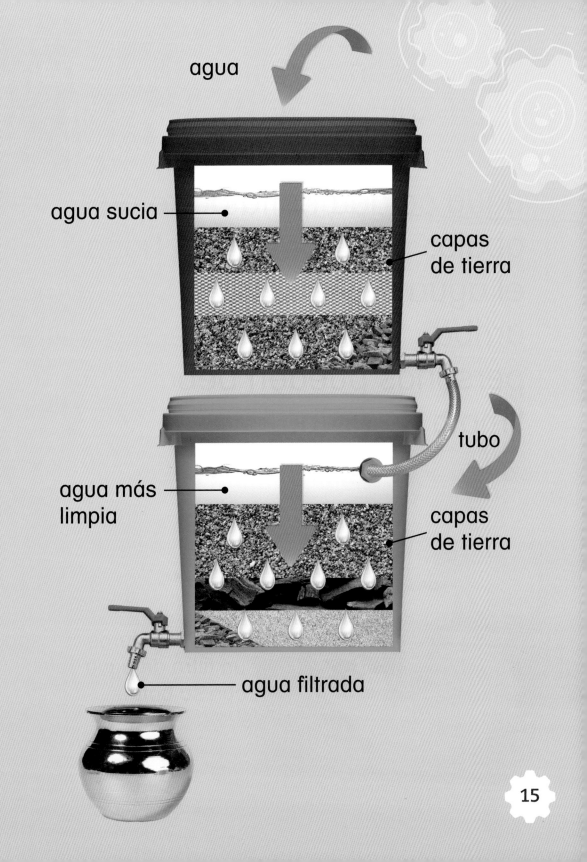

agua

agua sucia

capas
de tierra

agua más
limpia

tubo

capas
de tierra

agua filtrada

Las personas no pueden beber agua salada. ¡Los filtros son de gran ayuda! Se coloca el agua salada en la parte de abajo. El calor del sol hace que el agua suba hasta la parte de arriba. La sal no sube. Así las personas pueden beber el agua limpia de arriba.

Unos marineros arrastran un filtro de agua salada con su bote.

Se echa agua salada en la parte de abajo del filtro.

El calor del sol hace que el agua suba a la parte de arriba.

Se saca el agua limpia.

Agua para todos

Todos debemos tener agua limpia. ¡Muchas personas trabajan duro para que así sea!

Una niña bebe agua limpia de un grifo.

Un científico analiza el agua de un río para ver si está limpia.

DESAFÍO DE CTIAM

El problema

Tu equipo quiere llevar agua limpia a un lugar donde no hay agua segura para beber. ¡Pero necesitas una manera sencilla de filtrar el agua! Haz un filtro que limpie el agua para que se pueda beber.

Los objetivos

- Diseña un filtro que separe el agua de las piedras y la tierra.
- Elige los materiales que quieras para diseñar tu filtro.
- Diseña un filtro que limpie el agua sin romperse ni perder agua.

Investiga y piensa ideas

¿Qué materiales pueden filtrar el agua?
¿Qué forma debe tener un filtro para que
el agua no se derrame?

Diseña y construye

Dibuja tu plan. ¿Cómo funcionará? ¿Qué
materiales usarás? ¡Construye tu filtro!

Prueba y mejora

Mezcla agua con tierra y piedras.
Lentamente, echa el agua sucia a través
del filtro dentro de un vaso. ¿El agua
se ve más limpia? ¿El filtro se rompió?
¿Puedes mejorarlo? Vuelve a intentarlo.

Reflexiona y comparte

¿Cuánto más grande crees que podría
ser un filtro como el tuyo? ¿Es posible
lavar tu filtro y volver a usarlo?

Glosario

filtrar

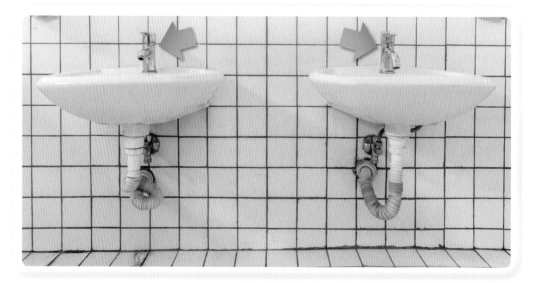

grifos

litros

tela

Consejos profesionales
del Smithsonian

¿Quieres ayudar a que todos tengan agua limpia? Estos son algunos consejos para empezar.

"Para resolver grandes problemas, las comunidades y los científicos deben trabajar juntos. Trabaja para encontrar soluciones que ayuden a todos".
— *Dra. Alison Cawood, coordinadora de programas de ciencia ciudadana*

"Puedes ayudar de muchas maneras para que las personas tengan agua limpia. Estudia ciencias, historia y tecnología. ¡Te darán ideas sobre cómo ayudar a las personas!".
— *Dra. Nancy Knowlton, bióloga marina*